Heike E. Wagner

Apportieren

Freude am Bringen

CADMOS
HUNDEBÜCHER

Inhalt

Impressum

Cadmos Verlag GmbH, Lüneburg
Gestaltung und Satz: Ravenstein, Verden
Lektorat: Dr. Gabriele Lehari
Coverfotos: Schanz, Steimer
Druck: Westermann Druck, Zwickau

Printed in Germany.

ISBN 3-86127-655-0

Spielerisches Apportieren ist für viele Hunde ein großer Spaß. Foto: Lehari

Einleitung

Der Urvater des heutigen Hundes, der Wolf, musste seine Beute jagen und töten, um zu überleben. Die Wolfsmutter musste ihre Beute den Jungen bringen, damit auch sie überleben konnten. Eine Wolfsmutter oder auch die Mutterhündin trägt ihre Welpen von einem Ort zum anderen, um sie vor eventuellen Gefahren in Sicherheit zu bringen. Im Spiel tragen Hunde gerne Stöcke oder andere Gegenstände umher, um Artgenossen zum Mitmachen zu animieren oder ihnen zu imponieren. Dies ist der Ursprung des Apportierens. Die Veranlagung dazu haben die meisten Hunde „im Blut".

Der heutige domestizierte Hund muss aber nicht mehr jagen, um zu überleben, da der Mensch für sein leibliches Wohl sorgt. Aus diesem Grund ist jeder Hund, der gerne apportiert, dankbar und ausgeglichen, wenn er von seinem Menschen Apportieraufgaben gestellt bekommt. In der heutigen Zeit gehört das Apportieren von Gegenständen zu den sinnvollen Beschäftigungsmöglichkeiten für viele Hunde. Speziell Jagdhunde werden zum Apportieren von erlegtem oder „geflügeltem", das heißt angeschossenem Wild eingesetzt, das sie dann ihrem Menschen bringen müssen.

Das „Stöckchenbringen" ist schon bei Welpen beliebt. Foto: Widmann

Wenn man nun über das beliebte „Stöckchenwerfen" hinaus mit seinem Hund arbeiten möchte, ist es ratsam, bereits den Welpen oder Junghund ans richtige Apportieren heranzuführen, wobei hierfür eine wichtige Voraussetzung der Grundgehorsam ist. Kein Hund wird auf Entfernung kontrollierbar und lenkbar sein, wenn er nicht über den nötigen Grundgehorsam verfügt und die entsprechenden Kommandos beim Apportieren beherrscht.

Wie auf allen Gebieten der Hundeausbildung sollte auch beim Apportieren der „Teamgeist" vorrangig sein: Mensch und Hund haben Vertrauen zueinander und Spaß an der gemeinsamen Arbeit. Darüber hinaus wird ein Hund, der mit seinem Menschen gearbeitet hat, körperlich und geistig gefordert und ist dadurch zufrieden und ausgeglichen. Denn es heißt nicht umsonst: Müder Hund – guter Hund!

Spanischen Wasserhunden liegt das Apportieren im Blut. Foto: Lehari

Was ist Apportieren?

Apportieren aus der Sicht des Hundes bedeutet nichts anderes, als „Beute" jeglicher Art von A nach B zu tragen. Hierbei kann es sich um Stöckchen, Tennisbälle, Stofftiere und Ähnliches handeln oder um so genannte Apportel, die der Mensch vom Hund zu apportieren verlangt.

Voraussetzung für das Apportieren sind normale angeborene Triebe des Hundes, nämlich der Beute- und der Bringtrieb. Nutzt man diese natürlichen Veranlagungen des Hundes geschickt aus und fördert sie entsprechend, wird der Hund stets gerne und alles auf Kommando zu seinem Menschen bringen. Bei den meisten Hunden ist der Beutetrieb stärker ausgeprägt als der Bringtrieb, da die wenigsten Hunde gerne ihre Beute hergeben möchten. Insbesondere der Bringtrieb muss in den meisten Fällen vom Menschen gefördert und in die gewünschten Bahnen gelenkt werden.

Im Alltag kann man immer wieder auf Spaziergängen beobachten, dass ein Hund von sich aus im Gelände Gegenstände aufnimmt und stolz umherträgt. Solchen Hunden kann man in der Regel problemlos das korrekte Apportieren beibringen.

Das korrekte Vorsitzen wird bei allen Apportieraufgaben, hier bei der Gebrauchshundeausbildung, verlangt. Foto: Lehari

Erst auf Kommando wird das Apportel ausgegeben. Foto: Lehari

Apportel

Für den Hausgebrauch sind der Fantasie bei der Auswahl von Apportiergegenständen keinerlei Grenzen gesetzt. Insbesondere beim Welpen eignen sich die ohnehin von ihm heiß geliebten Spielzeuge wie Stofftiere, Spieltaue, weiche Bälle oder Ähnliches. Möchte man „professionell" mit seinem Hund arbeiten, sollte man sich vor Beginn der gezielten Ausbildung darüber im Klaren sein, für welchen Zweck der eigene Hund gezüchtet wurde und für welches Apportel man sich entscheidet.

Für den normalen „Familienhund" und den nicht jagdlich geführten Jagdhund sollte man Dummys (weiche Segeltuchsäckchen, die auch schwimmen), für den Gebrauchshund Holzapportel und für den jagdlich geführten Hund Wild einsetzen.

Mit Fell überzogene Dummys werden für Jagdhunde wie diesen Chesapeake Bay Retriever verwendet. Foto: Widmann

Das korrekte Apportieren besteht aus folgenden Einzelschritten:

- Grundstellung (der Hund sitzt auf der linken Seite seines Führers)
- Schicken zum Apportel
- Aufnehmen des Apportels
- zügiges Zurückkommen mit dem Apportel
- korrektes, enges Vorsitzen
- Ausgeben in die Hand auf Kommando des Menschen
- Einnehmen der Grundstellung

Für diesen Braque d'Auvergne kann der Stock nicht groß genug sein. Foto: Lehari

„Verbotene" Apportel

Eine Grundregel lautet, dass man niemals etwas werfen soll, wenn man dann nicht darauf besteht, dass es vom Hund auch gebracht wird. Der Hund lernt dadurch nur, dass er die Beute zwar jagen darf, aber nicht bringen muss. Hat ein Hund dieses Verhalten erst einmal verinnerlicht, wird er niemals korrekt apportieren.

Grundsätzlich sollte dem Hund niemals Obst (Äpfel, Birnen und anderes) geworfen werden, da er zwar sicherlich dem Stück hinterherläuft und es aufnimmt, es dann aber nicht zu seinem Menschen zurückbringt, sondern stattdessen frisst. Ebenso sollten niemals Schneebälle geworfen werden. Sie könnten durch den Aufprall zerbersten und im Schnee verschwinden. Für den Hund stellt dies einen Vertrauensbruch dar, da er das vom Mensch Geworfene nicht findet und sich in die Irre geführt fühlt. Falls er einen geworfenen Schneeball oder Umgebungsschnee frisst, kann er auch eine Magenschleimhautentzündung bekommen. Ebenso sind jegliche Steine tabu, die entweder Verletzungen an den Zähnen verursachen könnten oder, wenn sie vom Hund geschluckt werden, eventuell operativ entfernt werden müssen. Eigentlich ist es auch nicht sehr ratsam, die beliebten Stöcke zu werfen, da sie einerseits den eigenen Hund treffen und andererseits im Boden stecken bleiben können, wobei sich der Hund übel verletzen kann. Ist ein Hund zum Beispiel zu temperamentvoll und schnell, könnte er sich den Stock in den Fang

Tennisbälle sind beliebte Apportiergegenstände.
Foto: Widmann

rammen oder – falls er darauf stürzt – sich regelrecht aufspießen.

Man sollte auch keine Gegenstände werfen, wenn man mit mehreren Hunden zusammen unterwegs ist. Durch den Meutetrieb kann es unter den Hunden zu Konkurrenzkämpfen kommen und der weniger dominante Hund wird frustriert darauf verzichten zu apportieren. Gezielt in einer Gruppe zu üben ist etwas ganz anderes. Hier lernt der Hund diszipliniert zu warten, bis er an der Reihe ist, und der Gruppeneffekt kann sich sogar positiv auf „Apportiermuffel" auswirken, da eine gewisse Spannung aufgebaut wird, wenn der Hund warten muss, solange andere arbeiten.

Eine Bemerkung am Rande: Auch wenn Tennisbälle nicht wahnsinnig gefährlich sind und sogar sehr wichtig sind, um einmal spielerische Abwechslung ins Trainingsprogramm zu bringen, sollte man sie nicht ausschließlich und zu häufig apportieren lassen, weil sie in der Tat leicht giftige Substanzen enthalten und bei dauerhafter Benutzung über Jahre den Zahnschmelz des Hundegebisses schädigen.

Die Bringfreude ist diesen beiden Labrador Retrievern anzusehen. Foto: Widmann

Apportiertraining

Wie eingangs schon erwähnt besitzt der Hund die natürlichen Anlagen zum Aufnehmen, Tragen und Bewegen von Gegenständen. Bereits ein Welpe nimmt so ziemlich alles in den Fang, was er erwischen kann, da der Fang von Geburt an der wichtigste Körperteil des Hundes ist. Mit ihm nimmt er seine erste Nahrung auf, womit er etwas Positives verbindet. Die Mutterhündin und später die Welpen untereinander lecken sich gegenseitig den Fang ab und stärken dadurch die soziale Bindung. Später nimmt der Welpe die ersten Kontakte zu Menschen mit dem Fang auf: Er nagt an den Händen, beleckt das Gesicht und „erschnüffelt" seine ganze Umwelt. Der Fang und die Nase sind ein Hundeleben lang seine wichtigsten Instrumente, um die Umwelt zu erforschen und zu verstehen.

Nun beginnen aber für den Welpen die ersten Negativerfahrungen. Er bekommt von seinen Menschen gesagt, was er in den Fang nehmen darf (zum Beispiel seine Spielzeuge) und was er nicht in den Fang nehmen und schon gar nicht zerstören darf (Schuhe, Tischdecken, Zeitungen). In dieser Phase ist das Fingerspitzengefühl des Menschen gefordert und der richtige Zeitpunkt, um mit dem gezielten Apportiertraining spielerisch zu beginnen.

Apportiert der junge Hund veranlagungsgemäß von sich aus gerne und auch Dinge, die er nicht apportieren soll, so kann man dem Klei-

Mit dem Training kann man nicht früh genug beginnen. Foto: Widmann

nen Tauschgeschäfte anbieten, indem man ihm den „verbotenen" Gegenstand abnimmt und ihm dafür einen erlaubten gibt. Schnell wird der Hund lernen, was er aufnehmen, tragen und bringen – also apportieren – darf!

Stets wird der Hund für das Aufnehmen und Herumtragen von erlaubten Dingen freundlich und für das selbstständige Bringen sogar überschwänglich gelobt, da die Bringfreude (später auch insbesondere bei Jagdhunden die Bringtreue) das schönste Geschenk des Hundes an seinen Menschen darstellt. Er überlässt seinem Menschen durch diese Geste seine Beute!

Training im Haus

Geübt wird grundsätzlich nur, wenn man einerseits selbst in guter Stimmung ist und andererseits keinem Zeitdruck unterliegt und sicher ist, dass keine Störungen von außen kommen (von der Schule heimkehrende Kinder, Besuch oder anderes). Ist man selbst „unlustig" bei der Sache, überträgt sich diese Stimmung auf den Hund und er wird keine richtige Freude am Apportieren entwickeln.

Es ist ratsam, mit dem jungen Hund das gezielte Training im Haus zu beginnen, da er dort nicht von äußeren Umwelteinflüssen wie zum Beispiel Gerüchen, Geräuschen, anderen Tieren oder Menschen abgelenkt ist und er auch keine so große Ausweichmöglichkeit hat wie im freien Gelände.

Man sollte sich zu Beginn auf die Ebene seines Hundes begeben, das heißt mit auf den Fußboden setzen, und eine Räumlichkeit aussuchen, wo der Hund geradeaus weglaufen und auch auf geradem Wege zurückkommen kann, ohne mit dem Apportiergegenstand woandershin zu verschwinden. Man könnte sich zum Beispiel im Flur des Hauses an das eine Ende setzen und vor Beginn des spielerischen Trainings alle Türen schließen.

Anschließend wird das Interesse für einen (Lieblings-)Gegenstand geweckt, indem man den Gegenstand hin und her bewegt, ihn ab und zu hochwirft, ihn auch mal liebkost und den Hund selbst daran zerren lässt. Zunächst bekommt der Hund den Gegenstand jedoch eine Weile nicht und wird auch mal sanft zurückgeschubst. Ist das Interesse des Hundes an dem Gegenstand geweckt, wird der Hund sanft fixiert, indem man ihm entweder schützend eine Hand vor die Brust hält oder ihn am Halsband festhält. Dann wird der Gegenstand geworfen. Der Hund muss verharren, bis der Gegenstand auf dem Boden liegt. Anschließend wird der Hund mit dem Kommando „Apport" geschickt. Der Hund wird sicherlich freudig zu seiner Beute laufen und in der Regel genauso freudig zurückkommen, um das tolle Spiel zu wiederholen. Ist der Hund mit dem Gegenstand wieder beim Menschen angekommen, wird er überschwänglich gelobt und der Gegenstand wird ihm mit dem Kommando „Aus" wieder abgenommen.

Beim jungen Hund sollte man noch nicht darauf bestehen, dass er beim „Nach-Hause-Kommen" vorsitzt, weil das den Hund „künstlich" langsamer macht, da er abbremsen muss und unmittelbar nach seinem Erfolgserlebnis schon wieder eine neue Übung von ihm erwartet wird.

Ist der Bodenbelag sehr glatt, sollte man sich insbesondere beim lebhaften Hund beim Werfen des Gegenstandes relativ ruhig verhalten, damit er nicht vor lauter Übermut ausrutscht. Hat der Hund den Gegenstand zurückgebracht und will ihn nicht hergeben, wird ihm ein Tauschobjekt in Form von einem Leckerli angeboten. Neigt ein Hund dazu, den gebrachten Apportiergegenstand auszuspucken, wird ihm der ausgespuckte Gegenstand erneut mit dem Kommando „Apport" in den Fang gegeben. Dann wird er für das Festhalten gelobt und anschließend wird ihm auf Kommando „Aus" der Gegenstand wieder abgenommen. Nach dem Abnehmen des Gegenstandes werden Hunde, die zum Ausspucken neigen, gar nicht mehr gelobt, weder durch Abliebeln noch durch freundliche Worte, geschweige denn durch ein Leckerli. Diese Hunde behalten sonst dieses unerwünschte Verhalten bei, weil sie schnell wieder gelobt werden möchten.

Neigt der junge Hund von sich aus dazu, sämtliche lieb gewonnenen Gegenstände in sein Körbchen oder auf seine Decke zu tragen, kann man sich auch in einem großen Raum auf die Hundedecke setzen oder das Körbchen zwischen die gegrätschten Beine stellen. Von dieser Position wird – wie im Flur – das Interesse für einen Lieblingsgegenstand geweckt und anschließend wird dieser weggeworfen. Der Hund wird sicherlich begeistert hinterherspringen, den Gegenstand aufnehmen und zurück auf seine Decke oder in sein Körbchen – also zu seinem Menschen – bringen. Wenn das funktioniert, kombiniert man auch dieses Spiel mit den korrekten Kommandos „Apport" und „Aus"!

Klappen die ersten Apportierübungen im Haus, kann man mit dem Training im freien Gelände beginnen.

Die ersten Übungen draußen erfolgen auf einem übersichtlichen Gelände. Foto: Widmann

Training im Gelände

Da der Hund sich bewegende Dinge besser sehen kann als unbewegliche, sollten einem jungen, noch unerfahrenen Hund die Apportiergegenstände stets geworfen und nicht ausgelegt werden. Der Hund sieht etwas fliegen und aufprallen und kann den Aufprall auch sehr gut hören. Diese Aktion fördert beim Hund den Beutetrieb und erleichtert ihm die Apportierarbeit.

Zu Beginn wird ein einfaches, ebenes Gelände ohne Hindernisse (Büsche, hoher Bewuchs) ausgewählt. Insbesondere im Freien sollte man sich einmal auf die Ebene des Hundes begeben, indem man in die Hocke geht oder sich sogar auf den Boden legt, um festzustellen, aus welcher Perspektive ein Hund seine Umwelt sieht. Ein kleiner Hund kann einen geworfenen Apportiergegenstand nicht fliegen und landen sehen, wenn er vor einem hohen Grasbüschel oder in einer Mulde sitzt. Auch zu hoch angesetzte Würfe des Menschen kann der kleine Hund schlecht oder gar nicht wahrnehmen, also sollte man zunächst recht flach werfen oder den Gegenstand – ähnlich wie eine Bowlingkugel – über den Boden kullern lassen. Ein über den Boden gekullerter Gegenstand wirkt auf einen Hund ähnlich wie flüchtendes Wild.

Es ist empfehlenswert, die ersten Apportierübungen im Freien an der Leine durchzuführen, damit der Hund nicht mit dem Apportel weglaufen kann. Freudig läuft man mit seinem angeleinten Hund hin und her, wobei man ihm einen Apportiergegenstand interessant macht, indem man den Gegenstand am Boden hin und her bewegt, ihn ab und zu hochwirft und ihm den Hund vor den Fang hält und ihm damit die Nase streichelt. Wie bei der Hausübung bekommt der Hund den Gegenstand eine ganze Weile nicht, bis er ganz wild darauf geworden ist. Ist das Interesse des Hundes geweckt, wird das Apportel nicht allzu weit weggeworfen und auf Kommando „Apport" laufen Mensch und Hund freudig zum Gegenstand hin. Hat der Hund das Apportel aufgenommen, laufen Mensch und Hund damit umher, wobei der Hund freundlich gelobt wird. Auf das Kommando „Aus" wird dem Hund das Apportel wieder abgenommen. Diese Übung wird ein paar Mal wiederholt.

Anfangs wird noch an der Leine trainiert. Foto: Widmann

Wenn der Hund schließlich begriffen hat, dass Apportieren Spaß macht, und er die Kommandos „Apport" und „Aus" verinnerlicht hat, kann man mit dem ebenfalls noch angeleinten Hund zum nächsten Schritt übergehen. Hierfür ist Voraussetzung, dass er das Kommando „Sitz" sicher beherrscht.

Der Hund sitzt angeleint in Grundstellung links neben seinem Menschen und freut sich in der Regel auf das, was kommt, weil er sein Apportel mittlerweile kennen gelernt hat und liebt. Während man nun das Apportel wirft, soll der Hund jetzt lernen „steady" zu werden, das heißt, er soll sitzen bleiben und geduldig und aufmerksam warten, bis das Apportel geworfen wurde und am Boden liegt. Hierzu sollte man während des Werfens dem Hund klar machen, dass er sitzen bleiben soll, indem man das Kommando „Sitz" deutlich wiederholt. Bleibt der Hund sitzen, wird er hierfür kurz gelobt, aber nicht zu überschwänglich, denn sonst steht der noch junge und ungeduldige Hund auf. Anschließend läuft man nach einer kurzen Wartezeit mit seinem Hund vom Kommando „Apport" begleitet auf das Apportel zu, lässt es vom Hund aufnehmen und läuft zurück zum Ausgangspunkt. Auf dem gesamten Rückweg wird der Hund für das Tragen des Apportels gelobt.

Am Ausgangspunkt angekommen kann man nun anfangen einzuüben, dass der Hund vorsitzt und das Apportel dabei im Fang behält. Nach kurzer Wartezeit nimmt man dem Hund den Apportiergegenstand auf Kommando wieder ab und lässt ihn wieder die Grundstellung auf der linken Seite einnehmen.

Solange das Apportel fliegt, muss der Hund „steady" sein. Foto: Widmann

Der Hund sollte immer zügig und freudig zurückkommen. Foto: Widmann

Nach einigen Wiederholungsübungen kann man nun die Wartezeit in Grundstellung, nachdem das Apportel geworfen wurde, verlängern. Auch die Wartezeit nach dem „Nach-Hause-Kommen" mit dem Apportel wird jetzt länger werden. Die jeweiligen Zeiträume sollten jedoch immer variiert werden, denn ein Hund lernt sehr schnell, wie lange es dauert, bis man zum Beispiel bis drei gezählt hat, und neigt dann dazu, eigenständig nach drei Sekunden loszurennen, ohne das Kommando seines Menschen abzuwarten.

Wenn die beschriebenen Übungen an der Leine gut funktionieren, kann man sich an das Abenteuer wagen, ohne technische Hilfsmittel apportieren zu lassen, was nach wie vor auf einem einfachen Gelände und mit wenig, wenn möglich gar keiner Ablenkung erfolgen sollte. Sitzt der Hund in Grundstellung, wird ihm zunächst wieder das Apportel interessant gemacht und er muss eine Weile warten und sitzen bleiben. Ist der Hund aufmerksam, wird das Apportel geworfen und während des Wurfs das Kommando „ Sitz" energisch wiederholt. Springt der Hund ein, wird sofort zeitgleich das Kommando „Apport" gesagt, damit der Hund zumindest das Gefühl hat, dass er auf Kommando losgeschickt wurde. Nimmt der Hund das Apportel dann auf und macht nicht gleich Anstalten, damit zurückzukommen, ruft man ihn zunächst freundlich zurück. Auf dem Rückweg wird er gelobt. Er sollte zum Vorsitzen animiert werden und das Apportel noch eine Weile im Fang behalten. Nachdem er es dann auf Kommando ausgegeben hat, wird er wieder in Grundstellung gebracht und wiederum kräftig gelobt. Auf diese

Weise wird geübt, bis die gesamte Übung reibungslos und korrekt durchgeführt wird. Wie sich Fehler vermeiden lassen, wird im nächsten Kapitel beschrieben.

Wenn man später mit seinem Hund aktiv Hundesport betreiben möchte, ist jetzt der Zeitpunkt gekommen, um mit seinem Hund das Überwinden von Hürden zu trainieren. Hierzu eignen sich künstliche – zunächst niedrige – Hindernisse oder Naturhindernisse wie zum Beispiel umgestürzte Bäume.

Der angeleinte Hund sitzt in Grundstellung, das Apportel wird über das Hindernis geworfen und gemeinsam überwindet das Gespann mit dem Kommando „Hopp" das Hindernis. Der Hund nimmt das Apportel auf und beide laufen zum Ausgangspunkt zurück. Das macht in der Regel beiden riesig Spaß und man kann schnell dazu übergehen, diese Übung mit dem unangeleinten Hund durchzuführen und Schritt für Schritt höhere Hindernisse zu wählen.

Wenn der Hund nun alle Schritte des Apportierens korrekt gelernt hat, wechselt man zu schwierigerem Gelände. Ein abwechslungsreiches Gelände fördert beim Hund die Freude am Apportieren, da auf Dauer der „englische Rasen" für den Hund recht langweilig ist. Ein Hund, der zwischenzeitlich an physischer und psychischer Reife gewonnen hat, empfindet immer mehr Spaß, wenn ihm Abwechslung geboten wird. So können jetzt der Bodenbelag (höherer Bewuchs, raschelndes Laub, Gestrüpp) variiert und auch die Wurfentfernung und -höhe gesteigert werden.

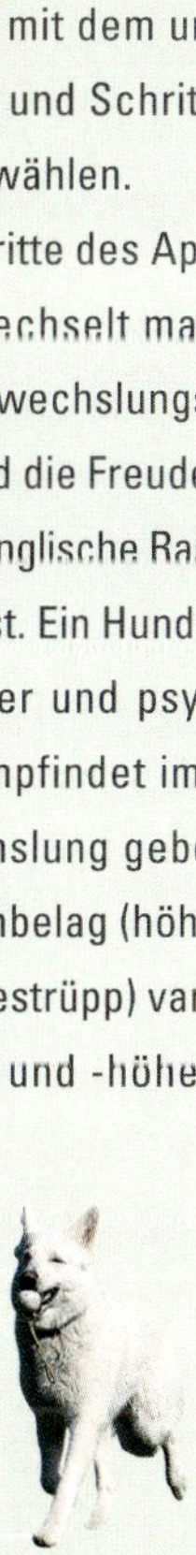

Erst auf das Kommando „Aus" wird dem Hund das Apportel abgenommen. Foto: Widmann

Zum Gebrauchshundesport gehört das Apportieren über eine Hürde. Foto: Lehari

Dieser Tervueren wartet nicht ab, bis der Ball gelandet ist. Foto: Widmann

Fehler des Hundes beim Apportieren

Einspringen

Insbesondere der junge, übermütige Hund mit starkem Beutetrieb neigt dazu, während des Wurfs einzuspringen. Es ist oft mühsam, seinen eigenen Hund an der Halsung festzuhalten und gleichzeitig ein Apportel zu werfen. Insbesondere bei kleinen Hunden müsste man sich hierzu bücken und das Werfen gestaltet sich dann als äußerst schwierig. In diesem Fall sollte man sich einen Helfer organisieren, der das Apportel wirft, während man sich selbst voll und ganz auf seinen eigenen Hund konzentrieren und ihn gegebenenfalls mit einer Hand an der Brust fixieren oder am Halsband festhalten kann.

Findet sich kein Helfer, kann man seinen Hund auch angeleint lassen und mit dem Apportel eine Werfbewegung zunächst nur andeuten. Springt der angeleinte Hund dann ein, kommt zeitgleich das Verbot „Nein" oder das Kommando „Sitz" und der Hund erfährt einen sanften Leinenruck. Er wird sich dann frustriert wieder setzen und abwarten, was jetzt passiert. Erneut holt man zum Wurf aus und kombiniert diese Geste sofort mit dem Kommando „Sitz". Diese angedeutete Werfbewe-

Bei der angedeuteten Wurfbewegung wird der Hund am Halsband festgehalten, bis er kein Interesse mehr am Einspringen hat. Foto: Widmann

Nach dem Werfen wird der Hund zum Apportel geschickt. Foto: Widmann

Nach erfolgreichem Abschluss der Übung wird kräftig gelobt. Foto: Widmann

gung in Kombination mit dem Wort „Sitz" wird so oft wiederholt, bis der Hund kein Interesse mehr am Einspringen hat. Nun ist der Zeitpunkt gekommen, um das Apportel zu werfen, den Hund abzuleinen und zu schicken.

Herumbeißen auf dem Apportel

Viele unerfahrene Hunde neigen dazu, auf dem Apportel spielerisch herumzubeißen. Dieses darauf herumbeißen ist aber nicht erwünscht. Der Grund dafür ist in der Jagdhundarbeit zu suchen. Würde der Hund auf einem apportierten Stück Wild herumbeißen, wäre das Stück für den Menschen nicht mehr verwert- und genießbar.

Hat man einen Hund, der zum „Gautschen" neigt, geht man beim Üben wieder einen Schritt zurück und lässt den Hund an der Leine apportieren. Nach Aufnehmen des Apportels sollte man nicht langsam mit dem angeleinten Hund laufen, sondern eine sehr schnelle Gangart wählen. Durch das schnelle Laufen hat der Hund in der Regel gar keine Zeit und Gelegenheit mehr, auf dem Gegenstand herumzubeißen. Hält er das Apportel ruhig im Fang, wird er kräftig gelobt und die Laufgeschwindigkeit wird verringert. Sobald er erneut anfängt, darauf herumzubeißen, läuft man wieder schneller und verbietet dem Hund verbal mit „Nein" das Gautschen. Hält er den Gegenstand ruhig im Fang, wird man wieder langsamer und der Hund wird gelobt. In der Regel ist diese Unart nach einigen Wiederholungen ausgemerzt.

Der Hund soll am Apportel nicht in Spielstimmung geraten. Foto: Widmann

Totschütteln

Wie das Herumbeißen auf dem Apportel ist es auch nicht erlaubt, dass der Hund die aufgenommene „Beute" zu Tode schüttelt. Auch hier liegt der Ursprung in der Jagd, denn ein zu Tode geschütteltes Wild wäre für uns Menschen nicht mehr genießbar. Auch wenn das Totschütteln beim Hund größtenteils anlagebedingt ist, ist es auch häufig durch Dominanz und mangelnden Gehorsam begründet. Der Hund denkt: Ich habe erst mal mit der Beute etwas Besseres vor, als sie meinem Menschen zu bringen. Hier kann man auf Entfernung nur verbal eingreifen, indem man dem Hund das Schütteln energisch verbietet, auch auf die Gefahr hin, dass der Hund zunächst beeindruckt ist und das Apportel fallen lässt. Bei einem so veranlagten Hund wird die Freude am Apportieren durch verbales Unterbinden des Fehlverhaltens sicherlich nicht gebrochen. Hier sollte man zunächst wieder an der Basis, dem Grundgehorsam, beginnen und das Apportieren an der Leine festigen.

Nicht Ausgeben

Das Nicht-ausgeben-Wollen eines im Fang befindlichen Apportiergegenstandes ist mit einem starken Beutetrieb beim Hund verknüpft. Bei den nicht ganz so extrem veranlagten Hun-

So wird der Dominanzgriff angewandt.
Foto: Widmann

den kommt man ans Ziel, wenn man dem Hund wiederum ein Tauschobjekt in Form eines Leckerlis anbietet. Bei sehr starkem Beutetrieb kann man dem Hund das Apportel nur energisch mittels „Dominanzgriff" aus dem Fang nehmen. Beim Dominanzgriff greift die eine Hand über den Fang, wobei Daumen, Zeige- und Mittelfinger einen mehr oder weniger leichten Druck auf die Lefzen (im Fangzahnbereich) ausüben. Die andere Hand nimmt dem Hund unterdessen mit einer Drehbewegung nach unten das Apportel aus dem Fang. Für das Ausgeben wird der Hund dann äußerst kräftig gelobt!

Ausspucken

Viele apportierbegeisterte Hunde neigen dazu, den aufgenommenen und zurückgebrachten Apportiergegenstand vor dem Menschen auszuspucken. Meistens ist der Grund dafür, dass diese Hunde begeistert den Menschen dazu „zwingen" möchten, das Apportel schnell noch einmal zu werfen, weil es ja solch einen riesigen Spaß macht. Abgesehen vom Vermeiden von Führerfehlern, die weiter unten beschrieben werden, sollte man hier das Kommando „Fest" beim Hund einüben.

Hierzu kann man sich auf den Boden setzen und mit dem gewünschten Apportel spielen, den Hund damit locken und reizen. Wenn er es unbedingt haben möchte, muss er erst sitzen. Dann bekommt er das Apportel als Belohnung, wobei man den Hund unter (!) dem Fang krault, das Kommando „Fest" ständig wiederholt und den Hund währenddessen ganz tüchtig und ruhig lobt. Je länger der Hund das Apportel festhält und das entsprechende Kommando dazu hört, umso besser.

Ebenso lässt man den Hund öfter an der Leine im fröhlichen Trab das Apportel tragen, wobei er auch bei dieser Übung das Kommando „Fest" eingeprägt bekommen sollte. Klappen die Übungen im Sitzen und im Laufen an der Leine, so genügt im Gelände beim freien Apportieren in der Regel ein kurzes „Fest", wenn der Hund im Begriff ist, das Apportel auszuspucken. Passiert dies dennoch einmal, sollte man spielerisch das Apportel mit dem Fuß hin und her kicken, um es für den Hund erneut interessant zu machen, und anschließend, wenn der Hund es wieder aufgenommen hat, ein paar Schritte zurückgehen und dann ruhig stehen bleiben, den Oberkörper

Dieser Jagdhund (Drentsche Patrijshond) wartet geduldig auf das Kommando „Aus". Foto: Lehari

so weit wie möglich nach hinten beugen und dabei die Hände mal ganz aus dem Spiel lassen, also hinter dem Rücken verstecken. Der Hund wird das Apportel dann sicherlich seinem Menschen ganz dicht heranbringen.

Man kann sich mit dem Rücken auch an einen Baum lehnen, so nimmt der Körper eine schrägere Position ein als beim freien Stehen. Dann grätscht man die Beine weit auseinander, damit der Hund möglichst nahe herankommen kann. Oft ist es auch sehr nützlich, wenn man sich hinkniet, mit dem Gesäß auf seine eigenen Füße setzt, sich mit dem Oberkörper extrem nach hinten beugt und ebenfalls die Hände hinter dem Rücken versteckt, um ganz ruhig abzuwarten. Viele Hunde halten einem dann das Apportel sogar bis auf den Bauch oder fast bis ans Gesicht.

Weglaufen

Häufig kommt es vor, dass insbesondere der sehr junge, noch verspielte Hund mit wenig Konzentrationsvermögen zwar freudig und direkt zum Apportel hinläuft und es aufnimmt, aber dann in Spielstimmung gerät. Meistens gehen diese Hunde mit der Vorderhand herunter, während die Hinterhand hoch oben bleibt, die Rute tüchtig wedelt und Blickkontakt zum Menschen hergestellt wird. Dies sind in der Regel die ersten Anzeichen dafür, dass der Hund dann im nächsten Moment mit dem Apportel „Ehrenrunden" dreht, weil er spielen möchte. Er rast dann stolz mit dem Apportel über die Wiese – in alle möglichen Richtungen, nur nicht zum Menschen – und zeigt es vielleicht auch noch stolz anderen anwesenden Hunden oder Menschen, die die Beute aber natürlich auch nicht bekommen.

In diesem Fall darf man weder zu seinem Hund hinlaufen (er wird sicherlich erneut flüchten) noch hinter ihm herlaufen. Er verbindet damit nur ein tolles „Fang-mich-doch-Spielchen". Im Gegenteil: Man sollte zuerst versuchen seinen Hund zu rufen. Kommt er mit dem Apportel nicht nach einmaliger Aufforderung, wechselt man sofort die Richtung und rennt selbst weg. Durch diese Methode erhält der Hund nicht mehr die Aufmerksamkeit seines Menschen und man dreht den Spieß einfach um. Nun ist der Hund gefordert, wieder Kontakt aufzunehmen, und wird in der Regel seinem Menschen hinterherlaufen. Dann hat man schon halb gewonnen: Man verlangsamt sein Tempo und fordert den Hund erneut freundlich zum Kommen auf, was er dann in der Regel auch tut.

Besonders junge Hunde neigen dazu, mit dem Apportel noch eine „Ehrenrunde“ auf dem Platz zu drehen. Foto: Lehari

Funktioniert es mit dieser Methode nicht, kann man seinen Hund an eine lange Leine nehmen. Anschließend wird das Apportel höchstens so weit geworfen, wie die Leine reicht. Ist der Hund beim Apportel angekommen und hat es aufgenommen, holt man den Hund lockend und lobend Stück für Stück an der Leine zurück. Vorsicht bei schweren und sehr schnellen Hunden: Die lange Leine niemals in den Händen halten! Durch das schnelle Tempo und das Gewicht des Hundes können durch Reibung in den Handflächen Brandverletzungen entstehen, wenn der Hund nicht zurückkommt, sondern mit dem Apportel weiter wegläuft.

Bei schnellen und schweren Hunden tritt man beherzt mit beiden Füßen auf das Leinenende und holt erst die Leine mit den Händen

Dieser Tervueren ist voller Begeisterung bei der Sache. Foto: Widmann

Wenn man in die Hocke geht und den Hund freundlich ruft, wird er gerne zurückkommen. Foto: Widmann

ein, wenn der Hund mit Blickkontakt zum Menschen stehen geblieben ist.

Eine nicht ganz so mühsame Übung ist folgende: Der Hund sitzt in Grundstellung und bleibt dort sitzen, während sich der Mensch einige Meter von ihm entfernt. Unterwegs lässt man das Apportel fallen und geht weiter, um sich anschließend zum Hund umzudrehen. Nach einer kurzen Wartezeit wird der Hund gerufen. Nimmt er auf dem Weg zufällig das Apportel auf, kommt in diesem Moment das Kommando „Apport" und erneut wird der Hund freundlich gerufen. In der Regel klappt diese Übung sehr gut, da der Hund durch den entstandenen Sichtkontakt mehr im Gehorsam steht. Bringt er das Apportel nicht zufällig mit, hat er bei dieser Übung keinen Fehler gemacht, da man ihn ja zunächst nur gerufen hat und er auch gekommen ist.

Beim Apportel liegen bleiben

Ähnlich wie beim Weglaufen kündigt der Hund dieses Verhalten an, indem er, beim Apportel angekommen, dieses auch aufnimmt, aber auch hier mit der Vorderhand nach unten geht. Das Gesäß bleibt wiederum oben, die Rute wedelt nicht ganz so heftig und anschließend legt er sich gemütlich mit dem Apportiergegenstand hin, um sich selbst damit zu beschäftigen, das heißt, er wird darauf herumnagen. Dies ist zumeist das Signal des Hundes an den Menschen: „Ich brauche dich nicht, du bist langweilig, es macht keinen Spaß, zu dir zu kommen".

In diesem Fall sollte man sein komplettes Ausbildungsprogramm überdenken: Bin ich für den Hund auch bei der Leinenführigkeit zu langweilig (himmelt er mich nie an)? Kommt er auch ohne Apportiergegenstand zuverlässig zu mir? Ist die Bindung intakt? Spiele und schmuse ich genug mit meinem Hund? Lobe ich genug, wenn er etwas gut macht?

Liegt der Hund nun verspielt mit dem Apportel auf der Wiese und vergisst die Welt um sich herum, sollte man auch hier vom Hund wegrennen, jedoch mit extrem fröhlicher Körpersprache und mit freudigem stimmlichem Getöse. Der Hund wird sicherlich staunen, weil sein Mensch ja doch plötzlich interessanter ist als das einsame Spiel auf der Wiese. Hat er schließlich das Apportel gebracht, sollte man sich überschwänglich freuen und zukünftig fröhlicher und freier mit seinem Hund trainieren.

Der Hund sollte immer auf direktem Wege zu seinem Führer kommen. Foto: Widmann

Dominanz auf dem „Heimweg"

Insbesondere einige Rüden, aber auch manch eine Hündin machen alles ganz toll: Grundstellung, warten, direkt zum Apportel laufen, aufnehmen und zurückkommen – jedoch nicht auf direktem Weg, sondern in einem großen Bogen, oder sie markieren sogar auf dem Rückweg! Das sind beides Zeichen von absoluter Dominanz. Der Hund sagt einem: „Ich komme ja und auch mit Apportel, aber ich zeige dir, dass ich erst noch etwas anderes vorhabe."

Hier muss man dringend erneut die Basis des Grundgehorsams festigen. Nur so kann man auf Entfernung dem Hund auch klar machen, dass er auf dem Rückweg mit dem Apportel zügig und direkt zu kommen hat und nicht noch andere Dinge erledigt wie Bögen laufen oder gar urinieren.

Begeisterte Schwimmer apportieren gerne aus dem Wasser. Foto: Widmann

Der Hund apportiert überhaupt nicht

Solche Hunde sind meist sehr steady, das heißt, sie neigen nicht zum Einspringen, wenn irgendwo etwas fliegt und landet. Unfreudig und langsam trotten sie in der Regel nach dem Wegschicken los, schnüffeln unterwegs, gehen vielleicht zum Apportel, um eventuell kurz daran zu schnüffeln und dann entweder fragend in der Gegend herumzustehen oder vielleicht aus Verlegenheit Gras zu fressen oder Ähnliches. In diesen Fällen ist entweder der Hund viel zu früh mit schwierigen Aufgaben überfordert und frustriert worden oder man hat die ganze Apportierarbeit von Anfang an zu uninteressant und lustlos für den Hund gestaltet.

Wenn man diese eigenen Fehler erkannt und eingesehen hat, sollte man ganz von vorne beginnen, und zwar Schritt für Schritt – aber mit sehr viel Begeisterung und spielerisch. Bei manchen Hunden kann man auch die Wasserleidenschaft nutzen, falls es an Land nicht klappt. Ein begeisterter Schwimmer wird sicherlich freudig ein Apportel aus dem Wasser holen.

Bei vielen Jagdhunden fördert zum Beispiel die Kombination „es fliegt ein Apportel und gleichzeitig fällt ein Schuss" die Aufmerksamkeit und die Lust am Apportieren. Bei „Apportiermuffeln" sind äußerstes Fingerspitzengefühl und die Fantasie des Menschen gefordert.

Fehler des Hundeführers beim Apportieren

Glücklich können sich die Gespanne schätzen, bei denen der Hund gesund und arbeitsfreudig ist und der Mensch zunächst eine gute Bindung zu seinem Hund aufbaut und dann mit Leib und Seele selbst gerne arbeitet. Nicht nur das ist wichtig, sondern auch seinen Hund und sich richtig einzuschätzen und die Fehler grundsätzlich zunächst bei sich selbst und nicht beim Hund zu suchen. Jeder Hund arbeitet maximal so gut, wie sein Mensch es ihm beibringt!

Die Begeisterung für die Arbeit muss sich auf den Hund übertragen. Foto: Widmann

Mangelnde Motivation

Viele Menschen sehen den Sinn und Zweck des Apportierens – zumindest anfänglich – nicht so recht ein und gehen mit diesem Unmut ans Training heran. Oft kann man beobachten, dass sie das Apportel nur lustlos werfen, den Hund mit unfreudiger, monotoner Stimme schicken, sich nicht riesig freuen, wenn sie ein „Naturtalent" besitzen, oder das freudig und zügig gebrachte Apportel achtlos neben sich auf den Boden werfen, um den Hund für die nächste Übung anzuleinen. Hier sollte klar sein, dass es dem Hund auch keinen Spaß machen kann zu apportieren.

Bei vielen jagdlich geführten Hunden kann man bei den Besitzern feststellen, dass sie selbst eine Hemmschwelle haben, totes Wild anzufassen, wenn sie zum Beispiel eine Ente ins Wasser werfen und sie auch noch klatschnass dem Hund wieder abnehmen sollen oder eine Haarwildschleppe ziehen sollen, um anschließend den gebrachten Hasen vom Hund in die Hand apportiert zu bekommen. Auch das Anziehen von Handschuhen vor lauter „Ekel" des Menschen vor dem Wild fördert verständlicherweise nicht das gewünschte Apportierverhalten vom Hund.

Auch Hunde, die jagdlich arbeiten, müssen motiviert werden. Foto: Widmann

Darf der Hund mit dem Apportel spielen, wird er nicht lernen korrekt zu apportieren. Foto: Lehari

Mangelnde Konsequenz

Sehr hinderlich für das korrekte Apportieren ist auch die mangelnde Konsequenz. Wirft man beim Training ein Apportel und hält auf dem Rückweg des Hundes ein Schwätzchen mit einem anderen Trainingsteilnehmer, ist es nicht verwunderlich, wenn der Hund sich nicht ernst genommen fühlt.

Duldet man von Anfang an das Einspringen des Hundes oder das Herumbeißen auf dem Apportel, darf man sich nicht wundern, wenn der Hund keine tollen Leistungen erbringt.

Auch das stupide Herumwerfen von irgendwelchen Naturgegenständen wie Tannenzapfen, Stöcken oder Grassoden, die der Hund dann bringen kann oder auch nicht, nur um ihn zu bewegen, verhindert, dass der Hund lernt korrekt zu apportieren.

Kommandos

Es kann nicht sein, dass der Hund einmal hört: „Wo ist der Ball?", dann: „Such den Stock!", und danach: „Bring Frauchen das Dummy!" Man sollte sich vor jeder Übung genau überlegen, was man sagt, und diese Kommandos auch strikt einhalten. Beim einfachen Apportieren genügen die Kommandos „Sitz", „Apport" oder „Bring" und eventuell „Fest", um später das erwünschte Niveau zu erreichen, wenn auf das Kommando „Apport" der Hund genau weiß, was er zu tun hat.

Die richtige Körpersprache des Menschen ist auch wichtig beim Training. Foto: Lehari

Körpersprache

Die Körpersprache muss gut überlegt sein. Der Hund sollte zum Apportel immer mit der gleichen Hand (vorzugsweise der rechten) geschickt werden. Wenn der Hund mit dem Apportel freudig zurückkommt, sollte man zumindest im Training nicht wie festgewurzelt stehen bleiben, sondern sich locker verhalten.

Kommt der Hund mit dem Apportel auf einen zu, sollte man sich nie über ihn beugen, um ihm den Gegenstand abzunehmen. Der Hund wird dann immer auf Armlänge vorsitzen und nicht eng zu seinem Menschen herankommen. Manch ein Hundeführer gebärdet sich fast wie ein Torwart, um seinem Hund das Apportel aus dem Fang zu reißen, vor lauter Angst, er könne es vielleicht ausspucken, mit dem Resultat, dass der Hund es mittelfristig tatsächlich zwei Meter vor seinem Menschen ausspuckt, da er sich einerseits durch das auf ihn Zuspringen und Vorbeugen bedroht fühlt und andererseits das Aus-dem-Fang-Reißen als unangenehm empfindet.

Das Apportieren über die Schrägwand wird von Gebrauchshunden verlangt. Foto: Lehari

Apportieren im Hundesport

Neben dem Freizeitapportieren, bei dem alles erlaubt ist, was für den Hund nicht gefährlich ist, möchte mancher Hundebesitzer mit seinem Vierbeiner im Hundesport aktiv sein.

Das Apportieren gehört bei verschiedenen Sportarten zu den vom Hund geforderten Aufgaben.

Gebrauchshundesport

Bei verschiedenen Prüfungen (zum Beispiel im Teil Unterordnung der Vielseitigkeitsprüfung oder bei der Wachhundprüfung) im Gebrauchshundesport wird das Apportieren gefordert. Hierzu zählen das Apportieren auf ebener Erde, über eine Hürde und über die Schrägwand.

Im Folgenden zwei Auszüge aus den Prüfungsbestimmungen:

Bringen eines dem Hundeführer gehörenden Gegenstandes auf ebener Erde

In diesem Prüfungsfach muss der Hund unangeleint in Grundstellung neben seinem Führer sitzen, wonach dieser nach drei Sekunden einen Gegenstand oder ein 650 Gramm schweres Bringholz mindestens zehn Schritte weit fortwirft und nach weiteren drei Sekunden dem

Hund das Hörzeichen „Bring“ gibt, wenn das Holz ruhig liegt. Der Hund hat unverzüglich und schnell auf den Gegenstand zuzulaufen, diesen sofort aufzunehmen und seinem Hundeführer in schneller Gangart direkt zu bringen.

Der Hund hat sich dicht und gerade vor seinen Hundeführer zu setzen und den Gegenstand ruhig im Fang zu halten. Nach drei Sekunden nimmt der Hundeführer beidhändig dem Hund den Gegenstand mit dem Hörzeichen „Aus“ ab und hält ihn an einer Körperseite fest. Auf das Hörzeichen „Fuß“ hat sich der Hund nach weiteren drei Sekunden schnell und dicht neben seinen Hundeführer zu setzen, indem er vorne oder hinten herumgeht. Dann kann der Hund kurz gelobt werden.

Für den Gebrauchshund ist der Schutzärmel die Beute, die er nach vollendeter Übung stolz vom Platz tragen darf. Foto: Lehari

Bringen eines dem Hundeführer gehörenden Gegenstandes im Freisprung über eine einem Meter hohe und 1,50 Meter breite Buschhürde

Der Hundeführer nimmt in einer angemessenen Entfernung (etwa vier bis fünf Schritt) vor der Hürde mit seinem unangeleinten Hund Grundstellung ein. Nach drei Sekunden wirft der Hundeführer ein 650 Gramm schweres Bringholz etwa vier bis fünf Schritt weit in gerader Richtung über die Hürde und gibt nach weiteren drei Sekunden das Hörzeichen „Hopp“ – „Bring“. Das Hörzeichen „Bring“ ist während des Hinsprunges zu geben und das Hörzeichen „Hopp“, wenn das Bringholz ruhig liegt.

Der ruhig sitzende Hund hat unverzüglich und schnell im Freisprung über die Hürde zu setzen, den Gegenstand sofort aufzunehmen und ihn seinem Hundeführer schnell über die Hürde wieder zurückzubringen, ohne auf diese aufzusetzen oder diese zu streifen.

Der Hund hat sich dicht und gerade vor seinen Hundeführer zu setzen und den Gegenstand ruhig im Fang zu halten. Nach drei Sekunden nimmt der Hundeführer beidhändig dem Hund das Bringholz mit dem Hörzeichen „Aus“ ab und hält es an einer Körperseite fest.

Auf das Hörzeichen „Fuß“ hat sich der Hund nach weiteren drei Sekunden schnell und dicht neben seinen Hundeführer zu setzen, indem er vorne oder hinten herumgeht. Dann kann der Hund kurz gelobt werden.

Dieser Labrador Retriever ist ein Profi bei der Dummyarbeit. Foto: Widmann

Dummyarbeit

Bei vielen Jagdhunderassen – insbesondere bei den Retrievern – wird gesteigerter Wert auf die Dummyarbeit gelegt, weil es sich bei ihnen um reine Apportierhunde handelt. Das Apportel bei einem Retriever besteht ausschließlich aus weichen Segeltuchsäckchen, die es in verschiedenen Gewichten gibt, da ein Jagdhund „weichmäulig" sein muss, um beim jagdlichen Einsatz das getragene Wild nicht zu beschädigen.

Selbst bei einer normalen Begleithundeprüfung für Retriever beinhaltet ein Prüfungsfach das korrekte Apportieren eines weichen, dem Führer gehörenden Gegenstandes.

Hierzu sitzt der unangeleinte Hund in Grundstellung neben seinem Führer. Ein Helfer wirft für den Hund deutlich sichtbar ein Dummy in etwa 40 Meter Entfernung in freies Gelände. Auf Anweisung des Richters schickt der Hundeführer seinen Hund mit einmaligem Kommando Apport. Der Hund hat zügig und auf direktem Wege zum Dummy zu laufen, es aufzunehmen und ohne weitere Aufforderung zum Hundeführer zurückzubringen, vorzusitzen und das Dummy bis zum Kommando „Aus" seines Führers ruhig im Fang zu halten. Dann hat er es unverzüglich auszugeben und muss auf einmaliges Kommando erneut in die Grundstellung zurück.

An dieser Stelle sei darauf hingewiesen, dass es weiterführende reine Dummyprüfungen gibt, bei denen ein Hund zum Beispiel auch eine Verlorensuche, Wasser- oder Doppelmarkierungen (Land – Wasser) und vieles mehr arbeiten muss. Darauf näher einzugehen, würde den Rahmen dieses Buches jedoch sprengen.

Übrigens ist es für einen Jagdhund ein Muss, dass er schussfest ist, denn selbst auf Dummyprüfungen wird bei fast jeder Arbeit geschossen.

Obedience

Obedience könnte man im Vergleich zur normalen Hundeausbildung als die „hohe Schule der Hundeerziehung" bezeichnen. Obedience stammt ursprünglich aus England und erfreut sich auch bei uns mittlerweile großer Beliebtheit. Wettkämpfe werden nach einem festgelegten Reglement durchgeführt. Im Rahmen von Obedience, was nichts anderes bedeutet als „Gehorsam", müssen die Hunde nicht nur Holz-

Auch bei der Obedience wird Apportieren verlangt. Foto: Widmann

Ein korrektes Vorsitzen gibt volle Punktzahl. Foto: Widmann

apportel auf ebener Erde und über eine Hürde apportieren, sondern sogar Metallgegenstände, was auch wirklich absoluten Gehorsam verlangt, weil es für den Hund recht unangenehm ist, Metall in seinen Fang zu nehmen. Um einen Hund, der sich zunächst weigert, den Metallgegenstand aufzunehmen, langsam daran zu gewöhnen, kann man das Apportel mit Leukoplast oder Sisal umwickeln und diese Ummantelung mit der Zeit Stück für Stück entfernen.

Durch das Apportieren eines Entenflügels lernt dieser Welpe frühzeitig die Arbeit mit richtigem Wild. Foto: Widmann

Der Jagdterrier hat gelernt, den schweren Apportierbock zu tragen. Foto: Widmann

Jagdliches Apportieren

Grundsätzlich sollte bereits ein junger Hund an verschiedene Wildarten gewöhnt werden, wenn er später gerne Wild apportieren soll. Bei einem Welpen beginnt man zum Beispiel nur mit einem Entenflügel oder einem Kaninchendummy, um dann später mit richtigem Wild zu arbeiten. Auch an verschiedene Gewichte muss ein Jagdhund langsam gewöhnt werden. Ein Welpe kann unmöglich schon einen ausgewachsenen Fuchs apportieren. Um gezielt mit seinem Hund auf jagdliche Prüfungen hinzuarbeiten, sollte man sich an ortsansässige Jägervereinigungen oder entsprechende Jagdhundeklubs wenden, die Auskunft über die verschiedenen Jagdprüfungen erteilen.

Literaturverzeichnis

Laser, Birgit: *Obedience für Einsteiger*
Cadmos, Lüneburg 1999

Lau, Brigitte: *Obedience*
Oertel + Spörer, Reutlingen 2001

Müller, Manfred:
Die Spezialausbildung des Schutzhundes
Oertel + Spörer, Reutlingen 1998

Nassek, Manuela: *Hundetraining mit Spaß*
Cadmos, Lüneburg 2000

Wandel, Axel: *Sport mit Hunden*
Cadmos, Lüneburg 2000